AF237818

MAHALTA
P O E S Í A

A FIN DE CUENTAS

A FIN DE CUENTAS

por

Manuel Cortijo Rodríguez

MAHALTA POESÍA

© Manuel Cortijo Rodríguez

© Ilustración de portada: Teo Serna
© Fotografía de solapa: Roberto Lorite
© Prólogo: Cristóbal López de la Manzanara

© Añil desarrollo gráfico, S.L.
Mahalta ediciones es un sello editorial de Añil desarrollo gráfico, S.L.
www.anil.es
www.mahalta.es

Primera edición: marzo 2024

ISBN: 978-84-128188-2-6
Depósito Legal: CR 90-2024

Impreso en España
Diseño y maquetación: Añil desarrollo gráfico, S.L.
Impresión: Safekat, S.L.

LA LUZ, EL TIEMPO Y LA PALABRA

Después de *Cuando quiera la noche*, publicado en 2020, Manuel Cortijo nos entrega su último poemario, *A fin de cuentas*, volumen editado por Mahalta en el que el autor reafirma su forma de escribir y su compromiso con lo que considera que es la verdadera poesía. Llega este libro con una cubierta ilustrada por Teo Serna, que llama a la puerta de lo más genuinamente manchego con un cambio de lo obvio y de la realidad.

Manuel Cortijo nos realiza esta entrega con los ecos de sus cuatro libros anteriores, con resonancias de luz porque, como decía Borges, «los poetas, como los ciegos, pueden ver en la oscuridad». Esa luz sin luz existe, y vive en la poesía de Manuel Cortijo desde su primer libro, *Memoria de lo usado*, cuando nos canta en el poema llamado «Examen de conciencia» cosas como estas: *No hace falta empeñar / más luz para saberlo: tú oyes temblar la noche, tantas veces...* En esa luz que aparece, se oculta y reaparece, desde este quejido de oscuridad transitando hacia la claridad, es por donde van los derroteros de este autor. Pero hay otros ecos, el eco de la amistad, el eco familiar, el eco del paso del tiempo cada vez más aprisa, lo cual le supone una honda preocupación para el poeta, siempre de una forma reflexiva. En definitiva, esta situación creadora constituye la resonancia de vivir cerca de la sabiduría.

No se podía entender la poesía de Manuel Cortijo sin algunas aseveraciones que ya forman parte de la historia en la literatura y en la filosofía, como las de María Zambrano, que en su texto *Poesía y filosofía*, publicado en 1919, nos dice: «El filósofo quiere poseer la palabra, convertirse en su dueño. El poeta es su esclavo: se consagra y se consume en ella. Se consume por entero, fuera de la palabra él no existe, y además no quiere existir». Exceptuando el primer libro, no se podría comprender el leitmotiv de este y de sus tres anteriores sin el poema titulado «Umbral», el que inicia el poemario *Cuando quiera la noche*, donde se expone cómo el poeta está a merced de las palabras que traen luz a la noche y hacen ruido al pisar con sus tacones la tarima del silencio, que no es otra cosa, según Cortijo, que el suelo del espíritu del escritor. Las palabras unas veces acuden rápidas y bulliciosas, otras lentamente lánguidas: *Mira cómo esa luz se hace palabra, / palabra que te acerca / a la emoción que tanto necesitas / para creer en ti mientras escribes, / llegar a conocerte en lo que escribes. / Los ojos de la noche / no son la oscuridad.* Y hablando de emoción podemos esgrimir que es otro elemento fundamental y, me atrevería a decir, hasta fundamentalista de la poesía de Cortijo, pues él cuida hasta la saciedad el ritmo acentual del verso, y es este sometimiento rítmico la forma de alcanzar la emoción.

Este poeta, al que le gusta llamarse poeta del conocimiento, nos hace su quinta entrega con el título pentasílabo: *A fin de cuentas*. El poemario se sostiene en tres partes, tres pilares: «A cuentas con la luz», «Tomar de lo que viene», «Si esto fuese palabra» y un poema introductorio, sin título, que bien se podía haber llamado «Vivir». Refiriéndonos a este último nos sitúa en el espacio temporal desde donde se ha concebido el libro. En estos primeros versos nos dice: *Vivir es aceptar lo que se pierde, / ver por ese motivo cómo cruzan, / cómo pasan los años, tan a escape, / a la humedad que ocurre en el recuerdo...* Da la casualidad que en este poema, triestrófico, cada uno de sus fragmentos va rematado con heptasílabos que se corresponden cronológicamente con los títulos de cada una de las partes del libro. En definitiva, se podía explicar la razón de este libro desde la teoría social del tiempo de Habermas, donde ni el pasado ni el futuro existen, pues el pasado ya carece de acción social y solo aporta experiencia, y el futuro está por construirse; paradigma que podemos traerlo al pensamiento más cercano, como el de Antonio Machado cuando afirmaba en *Proverbios y Cantares*: «Hoy es siempre todavía».

Metidos ya en harina de este costal, es decir, en el meollo del libro, en la primera parte, que consta de diez poemas, Cortijo nos habla de las palabras como algo vivo inherente al poeta en constante diálogo consigo mismo, planteando que las palabras, la luz, la soledad e incluso el amor son los elementos que utiliza el poeta como argumento creador. José Jiménez Lozano nos dice: «La tarea de escribir implica soledad, rumia, pensares, reflexión». Esto se puede ratificar en el poema titulado «Reprobación»:

> No me incomodan quienes se permiten
> sobre esto hablar de mí; me dicen a la cara
> que abuso de la luz en mis poemas,
> que no merma de peso y de tamaño,
> que no esconde su rostro
> debajo de una máscara
> de sombras.
>   Y yo tengo que decirles
> que la luz que consiente estar conmigo
> entra de un poema en otro sin tener
> que llamar a la puerta de algún verso
> reacio a recibirla.
>   Y permanece

allí donde precisan las palabras
su mayor claridad y su verdad,
sumándose a la mía.

Este poema supone una afirmación metapoética a la que nos tiene acostumbrados Manuel desde su segundo libro, pero con una particularidad: en *A fin de cuentas* se desliga de todos sus poetas mayores, que con mucho riesgo me atrevo a pronunciar son los de la *Generación del 50*, cosa de la que por otra parte se celebra este poeta al que muchos le denominan «maestro de amplio registro», pues es conocedor de toda la poesía española, así como un experto en el simbolismo francés.

Su metapoética está cargada de imágenes que tienen que ver con la experiencia de la vida cotidiana, hecho que aporta actualidad a su modo de escribir en los tiempos que corren, donde la poesía llamada «de la experiencia» invade todos los cenáculos poéticos adjetivándose de diferente manera según a la comunidad autónoma a que se pertenezca. En «Cuestiones de verdad» lo argumenta de esta manera: *Tiene mucho que ver y qué decir / la verdad que alimentan las palabras, / lo saben los poetas que una vez / que las tienen a mano las eligen / o las desechan, según pida / el poema que tengan puesto a hervir, / si la lumbre ha prendido / lo bastante*. Afirma en esta parte que el poeta tiene que esperar y estar predispuesto a que le atisbe la palabra como *modus vivendi* y a apreciar la hermosura de ser mirado por la palabra, esa palabra que viene al universo ordenado del poeta. Se expone muy bien en el poema llamado «Inspiración», donde el poeta nos dice: *Y sólo y siempre ahí, voy a quedarme / —cerca de los poetas que más trato— / a seguir trabajando esos poemas propios / que más saben de mí, por si entretanto llega / la inspiración a visitarme, no / me coja con mis cosas / sin hacer.*
El poeta se considera un ducho albañil o artesano para ascender de forma mística desde lo terrenal a lo más alto,

que no significa otra cosa que cumplir con el trabajo de vivir. Esto se ve muy bien en el poema «Andamio». Hay en las páginas del libro la idea de artesanía donde el tiempo perdido o ganado, según se mide y se mire, aporta nobleza para la construcción del poema. Otro poema titulado curiosamente «El andamio», de Eladio Cabañero, termina así: «Allí no se trataba / de pasarse de listos ni de tontos, / sino de atar mejor aquel andamio / y comprender que el más sabio es el tiempo». Este pensamiento se aprecia con igual intensidad en esta parte del poemario que trata de describir la interiorización del proceso creador.

La segunda parte, «Tomar de lo que viene», es un lindo reportaje de lo que le ocurre al poeta cuando escribe, cuando ama, cuando recuerda... Empieza con un poema de amor titulado «Andar por nuestra historia». Este capítulo es el más intimista, donde el tiempo para el autor es muy efímero. Él nos dice en otro poema: *Oh brevedad infinita de un instante / menor quizás que el tiempo de un suspiro, / que ocurre y es y pasa / y deja oírse / en el aire la voz / de lo fugaz.* Reflexiona sobre lo que ha costado aprender a vivir en el otoño vital donde el tiempo te da codazos. También manifiesta cómo se aprende en esa aula y en ese diccionario que es la vida. Aquí se humanizan los versos de Cortijo y hay una tristeza intrínseca. Avanzada la lectura, se vislumbran otras apreciaciones en las que es preciso recabar y matizar. Por ejemplo, hay implícito un diario íntimo que lo proporciona el recuerdo. Así como en otros poemarios la infancia está presente, en esta parte su tono nos remite al primer libro del autor, titulado *Memoria de lo usado.* En el poema «Cuando el frío» evoca a la madre desde esa soledad del escritor y nos manifiesta:

Hoy sé bien,
cuando el frío hace casa por mi cuerpo
y la tos me desvela y me hace suyo,

gregario receptor de su cadencia,
que no era la tintura de yodo únicamente
quien obraba la hazaña del prodigio,
sino el dulce poder de aquellas manos
abiertas como lunas de mi madre,
que con su gracia
                    todo lo curaban.

La niñez está presente, como en otros de sus libros, de forma icónica. En otro de los poemas, titulado «La Roda», su pueblo natal, dice:

Ahora también me veo en aquel patio
jalbegado de ensueños de mi casa,
donde dieron comienzo mis primeras
labores aprendices
de aspirante a poeta, con los dedos
inquietos, agilísimos,
de la mano derecha, con enorme
frescura y entusiasmo, escandiendo las sílabas
de los primeros versos que llegaron,
que quisieron llegar
                    para cuidarme.

También existe en esta parte un recuerdo al padre dentro de una sosegada añoranza del trajinar después de la vendimia en los años cincuenta, quitándole el mosto resudado a los capachos y a los aperos en el río Júcar. Pero quizás el poema más entrañable y actual sea el dedicado a la muerte de su hermana Juliana, víctima del alzhéimer y la tristeza.

En el recuerdo busca el poeta las palabras. La añoranza va con la poesía como una mudanza de aquellas que se realizaban en las zonas rurales y los recuerdos se colocan dentro de la dimensión de cada poema, pero incluso en los poemas más íntimos el poeta no olvida que está trabajando con palabras, como si de un material de construcción se tratase, tan áspero y tan noble a la vez, desde esa ambivalencia que a veces tienen las palabras. Hay poemas en los que el poeta argumenta que no se puede desligar de la inspiración ni de la preparación, es decir, antes de hacer una mudanza tiene que estar todo a punto para no fragmentar la armonía *pseudomística* del viaje. Aunque nos hable el poeta de otro arte expresivo, como puede ser la pintura, él también nos dice de la luz como revelación con un eco y una comunión en su libro *Los dones de la luz*. La añoranza y agradecimiento se tensan como la tarola de una batería.

Ya en la tercera parte, «Si esto fuese palabra», Cortijo, en el primer poema plantea una esperanza, pues habla con el hombre del espejo al que mira para decirse las palabras a la cara, como decía Antonio Machado: «Converso con el hombre que siempre va conmigo / —quien habla solo, espera hablar a Dios un día—» diciendo a los poetas que preparen su interior pues el poeta tiene que sentir la necesidad de estar alerta para cuando lleguen las palabras a hilvanar el poema. Una experiencia mística con el mismo tono que expresa el Salmo 119:41-42 donde se canta: «Venga a mí tu misericordia, oh Jehová; tu salvación, conforme a tu dicho. Y daré por respuesta a mi avergonzador, que en tu palabra he confiado».

En esta parte, sin duda la metapoética vuelve a coger el tono de la primera parte incluso con mayor intensidad, ya que desde el segundo poema nos plantea una reflexión; el autor en esta ocasión se refiere a la voz poética como la única verdad donde hay un lenguaje único que solo tienen los poetas una vez que son poseídos por el poema. Hay que tener la preparación interior como si de preparación física se tratara, pues el trabajo de poeta no es más digno que el de un estibador, la diferencia es que el poeta trabaja con materiales aparentemente más preciados. Desde esta madurez, el lector puede hallar lecciones en el trascurso de los poemas; por ejemplo, en el poema titulado «Cura de humildad», que es necesario leer y releer para sacarle todo el néctar al poema como si de una oración se tratara. Aquí en esta parte se aprecia como el poeta prepara su taller y el tajo cada mañana, el poeta debe estar dispuesto a acoger en esa luz sin luz que viene a tientas por la noche cuando se donan las palabras. El verdadero poeta no puede ser un trapero del lenguaje.

Dentro de esta lección magistral de poética que supone esta tercera parte se aprecia cómo se cosifican las palabras, a veces, como si se tratase del mobiliario en la casa-poema que acoge a los vocablos. Otras veces las palabras toman una razón sinestésica para quedarse a vivir para siempre en la voluntad y en la vida de un poema. Las palabras dejan de ser huéspedes y ocupas para habitar de pleno derecho en el poema. En este proceso creador y después de lo anterior expuesto, el oficio del poeta se asemeja al de un relojero donde las palabras son las piezas, los rubíes, los engranajes, el escape... para que construidos digan y vivan en el poema, al igual que el relojero consigue que en el reloj viva el tiempo.

Sigue dándonos lecciones donde nos dice que el poema viene solo, pues a veces los versos acuden sin haber sido invitados por el poeta; por ello hay que estar preparado para atraparlo sutilmente, sin que se note que es encarcelado de forma cruenta por el autor. Hay que entender al poema, si no es así, el poema se cambia de casa y te amenaza con dejarte con tus inmundicias. Para Cortijo resulta inconcebible que el poema pueda estar acabado íntimamente sin que lleve intrínseca la belleza inmanente de las palabras, una belleza que ocurre cuando las palabras están perfectamente acopladas como las piezas de un reloj. Acaso es más fea la cuerda de un reloj cuando este toma vida que los rubíes que lleva entre los engranajes. La belleza aquí se concibe como el poner las palabras a bailar al ritmo que requiere el poema. El poeta con su lenguaje propio es un coreógrafo de las palabras. Para Cortijo el poeta tiene que manar una felicidad creadora y a esa felicidad se llega por muchos caminos, incluso por el dolor. Aquí podemos ilustrar lo que se quiere decir con un ejemplo argumentado por José Hierro a propósito de su célebre soneto «Alegría», en el cual dice en su primer cuarteto: «Llegué por el dolor a la alegría. / Supe por el dolor que el alma existe. / Por el dolor, allá en mi reino triste, / un misterioso sol amanecía...»

En este poemario el dolor y la alegría forman partes por igual en una aleación estética. La alegría y el dolor están unidos en una afirmación de vida y de plenitud. Mediante el dolor tenemos más conciencia de que vivimos, y como a más conciencia hay más alegría, se desprende la conclusión lógica y absurda de que alegría y dolor son lo mismo, como dice Hierro. Este tono se mantiene en los tres últimos poemas y señalan un nuevo rumbo hacia donde, vaticino, puede caminar el próximo argumento poético de Manuel Cortijo, siempre desde la reflexión de un tiempo vivido listo para aportar conocimiento; y en este camino está implícito el poema último que a su vez da título al libro.

CRISTÓBAL LÓPEZ DE LA MANZANARA

*Para Elda, esta porción
de vida que estaba por decir
y había que decirla,
a fin de cuentas.*

Nosotros, los que un día repetimos
la verdad del amor,
los que zarpamos en aquel navío
acariciado por los vientos suaves,
hoy estamos de vuelta y es la misma noticia:
regreso o despedida, luz o sombra.

CARLOS SAHAGÚN

Vivir es aprender, ir aprendiendo
que el existir no puede detenerse
a mirar la erosión de tantas cosas
que se han quedado atrás, como olvidadas,
cada día más solas, con el frío,
la negrura que fulge
de las sombras que no quieren estar
a cuentas con la luz.

Vivir es aceptar lo que se pierde,
ver por ese motivo cómo cruzan,
cómo pasan los años, tan a escape,
a la humedad que ocurre en el recuerdo,
deshaciéndose allí como la escarcha
tomada por el sol y no nos queda
otra que estar despiertos, recibir,
tomar de lo que viene.

No queda otra que hacer
de la vida una búsqueda sin tregua,
por si damos a tiempo con nosotros,
llegamos a encontrarnos en el sitio
que nos toca ocupar,
si podemos decirlo con oíble
claridad, si sabemos con qué voz,
si esto fuese palabra.

Bien puedo ver que anidas en tu propia luz...
Dante Alighieri

I
A cuentas con la luz

Meditación

Cuando nada me quede que mirar,
y tenga que valerme de quien mire
por mí, cuánto tendré que agradecer
si alguien vuelve en mi nombre la cabeza
como quien busca y halla,
reconoce sumando lejanías,
lo que ha dejado atrás perderse entre las sombras,
sabré que soy el saldo resultante
del tiempo que ya he sido.
                              Cuando apenas
pueda fijar la vista en lo que amo,
pueda llegar a ver lo irrenunciable,
que lo inmediato es siempre un empezar
a conocerse en fuga,
sabré que reconozco los pasos de quien huye,
sabré que ya estoy yéndome.

Cuando vaya cediendo la fluidez
con que van las palabras a decir
las cosas a su antojo, no siempre como son,
ya no podré explicarme con ellas, ni tendrá
el poema otra vez lágrimas suficientes
para poder llorar lo que se acaba
del levísimo tiempo
                              que ya he sido.

Es el momento

Asido al mundo espero
algo que no ha nacido, pero quiere,
empieza a querer ser del existir:
lo que dejé como hecho, pero estaba
a medio hacer, aquel poema
que murió tantas veces por mi culpa,
sin que yo lo supiera.

Espero la ganancia de esa voz que imagino,
que sólo puede ser de quien quisiera
poseer lo que nadie
ha mostrado la dicha de tener,
y a nadie incumbe y sin embargo
quisiera ser de todos.
                        Puede ser
que tenga ya su sitio en lo fugaz,
o que pretenda ser un aire quieto
que afirme en su quietud lo que amanece
queriéndose decir, ya conmovido,
ya conociendo el son
                        de lo que canta.

Espero mientras pueda
seguir creyendo en lo que desconozco,
que aún no he llegado a oler, pero su aroma
empieza a hervir en mí, su propio respirar
que tal vez se asemeja con el mío,
que puede ser el mío.

Quizás sea este el momento
de aguardar algo nuevo que no advenga
efímero también como un errante
relámpago de aves que no quieren
quedarse por los aires, al amparo
de este tiempo interino en el que vivo
viviéndome, aprendiendo de memoria
a vivir muy de mí.

Quizás sea este el momento
de recibir la voz que yo esperaba,
que era un débito de alguien
que ahora se me ha ofrecido como un dios,
con piedad absoluta, ha venido en mi ayuda
para que yo termine
aquel poema que estaba a medio hacer,
que murió por mi culpa,
sin que yo en ese instante
                       lo supiera.

Mirando por la luz

No todo lo que empieza acaba bien,
si no somos capaces de dejar
que sea la luz, obrando entre nosotros,
aunque ya venga náufraga
de vivir a la sombra de otras luces,
quien nos deje mirar hacia las cosas
y verlas como son.
                              ¿Y qué decir
y qué hacer por hacer con la pureza
impar que nos devuelve
el ritmo y los dominios
oídos de esa luz
cuando todo parece que está a oscuras?

No es lo mejor llegar a confundirse:
sólo está en nuestra mano tener todo
lo que esperan los ojos, si dejamos
por fin que una metáfora
luminosa nos dé su claridad,
acogernos en ella, ser en ella,
volver a ser en ella luz de luz,
algo hermoso de verse
en otro ver,
                    mirando por la luz.

INSPIRACIÓN

Mucho se ha dicho ya y lo que queda
por decirse sobre la inspiración.
Admito que hay quien piensa, y acaso esté en lo cierto
—son una muchedumbre—,
que *sin trabajo no hay inspiración*,
y yo no voy,
incluso a los poetas que más trato,
a negarles el don de ese derecho
que tienen de creerse
que hay que ir por ahí.

Yo no voy a llevarles la contraria,
me pongo de su lado.
                            Por si acaso quisiera
venir la inspiración a visitarme,
me pongo a trabajar, hago mis cosas:
escribo un borrador o lo corrijo,
salvo sólo los versos que me salvan
y tacho los que menos me interesan,
sabiendo que es ahí donde me juego
la suerte del poema que querrá
una vez más salirse con la suya.

Y es ahí donde trato, si me roza
la inspiración, de dar algo por hecho,
algo hermoso por hecho y por sentado,
que me invite a creer
que no estoy dando, por tener que dar,
gato por liebre a nadie.

Y sólo y siempre ahí voy a quedarme
—cerca de los poetas que más trato—
a seguir trabajando esos poemas propios
que más saben de mí, por si entretanto llega
la inspiración a visitarme, no
me coja con mis cosas
                    sin hacer.

RETO

No me resulta fácil, pero tengo
que aprender a esperar, por si llegara
el día, uno de esos por venir,
que diga mucho más que la expresión del número
que los identifica en cualquier calendario,
para saber por fin
                        el día que somos.

No es que quiera que ocurra en un instante,
en cuya brevedad, en ese tiempo
que dura un parpadeo, mirase de reojo
y consiguiese ver
la cara de ese día antes que el lobo
empezase a morir,
sin nada que mascar entre los dientes.

Quizás ya esté viajando, haya dispuesto
ese día llegar cuando yo pueda
recibirlo y quedármelo,
porque al fin evidencie
                        el día que soy.

Esta luz de hoy

Algo querrá decirme esta luz de hoy,
tan única y tan diáfana que apenas
puedo verla, mirarla ahora así,
oírla si se explica esta mañana
como un alumbramiento que me excede
en todo sin que yo
                    llegue a saberlo.

A mí no me parece que esta luz
de hoy sea la misma de otros días,
se asemeje si quiera por asomo,
a la que con frecuencia inestimable
le debo la aptitud
                    de hacer poemas.

Algo querrá decirme, pero mientras
empiezo a saber qué,
me valgo de esta luz para acogerme
en ella, ser en ella lo que dure
la gracia de este instante,
en que un poema acaba
de llamar a mi pecho
                    y voy a abrirle.

ANDAMIO

Un afán de ascender tiene la clave.
Así el hombre diseña un andamiaje propio,
lo va izando a su altura, pieza a pieza,
sabiendo que un error, un desajuste
de adherencia en la placa
base podría ser su ruina,
la cara original de la desgracia,
el trágico balance de lo breve
apurando la vida.
                Así espera, confiado,
el momento preciso, tener el material
que le permita construir
un día su propio andamio, la manera
de apuntalar, darle firmeza arriba,
dejar en lo más alto el inseguro
edificio que somos,
que muy a duras penas
                      nos sostiene.

En eso basa el hombre su ambición,
lo que le toca en suerte, en consecuencia,
sin cederle ni un paso al desaliento,
al empeño de, al menos,
                      intentarlo.

Reprobación

Hay no pocas opiniones
que no hay ni que refutar
pues también quien las expone
carece de realidad.
Francisco Castaño

No me incomodan quienes se permiten
sobre esto hablar de mí; me dicen a la cara
que abuso de la luz en mis poemas,
que no merma de peso y de tamaño,
que no esconde su rostro
debajo de una máscara
de sombras.
        Y yo tengo que decirles
que la luz que consiente estar conmigo
entra de un poema en otro sin tener
que llamar a la puerta de algún verso
reacio a recibirla.
        Y permanece
allí donde precisan las palabras
su mayor claridad y su verdad,
sumándose a la mía.

Lo demás es harina de un muy otro
costal que no ha reunido, hasta este instante,
el muestrario completo de mis idas
y venidas de todo cuanto he andado
barriendo algunas hojas
difuntas de mis versos que el invierno
habrá de sepultar.

Entretanto, con aire a mi favor,
si estoy en racha busco,
me busco en mi verdad, la que va en mí,
para no confundirme,
engañarme a mí mismo y mucho menos
a los otros, me quedo con lo mío,
que es procurar que abra y que se quede,
florecida la luz
                    en mis poemas.

Cuestiones de verdad

La verdad no está en nadie, pero acaso
las palabras pudieran engendrarla.
RAQUEL LANSEROS

Quién podría saber, y por sí mismo,
dónde está la verdad, si no está en nadie
y podría estar en todos,
si las palabras pueden engendrarla,
darle cuerpo y hechura,
rostro que sólo a ella
                          se parezca.

Tiene mucho que ver y qué decir
la verdad que alimentan las palabras,
lo saben los poetas que una vez
que las tienen a mano las eligen
o las desechan, según pida
el poema que tengan puesto a hervir
si la lumbre ha prendido
                          lo bastante.

En cada uno de ellos cabe
la certeza de estar administrándola,
dejándola quedarse en lo más suyo
que tiene la verdad,
que pide la verdad cuando está a un paso
del éxito alcanzable
                          de decirse.

La verdad no está en nadie, mas podría estar en todos
los que gozan alguna certidumbre,
los que aman las palabras felices, igual que
los poetas que se ponen
a prueba para hacer —está de más
decirlo— lo que tienen
las palabras que hacer
                        como ellas quieran.

El tiempo de la luz

No me conocería si en tus ojos,
hoguera y esplendor y templo de los míos,
no tuviese su sitio para siempre,
último alojamiento este que soy
para mirarme desde ti
hasta reconocer, tornando a ellos,
los pasos de la luz por donde vine.

No sabría quién soy
ni quien le ha puesto cifras
a la retribución de estar contigo
esta tarde nacida para el hambre
de nuestro amor, poner a salvo
este tiempo que viaja de mi sed a tu lluvia,
mientras levanto en vilo la vida de estos versos.

No sabría quién soy, oírme
y que me oigas llamarte, si mi voz,
herramienta y oficio, enmudeciese
entre tu azul y yo, si envejeciera
el tiempo de la luz que puede ser perpetuo,
que al evocarlo ocurre entre nosotros.

Algo irrumpe que embarca la visión de este instante
de gracia que consiste en un estar,
en un estar aquí viviendo lo que sigue

en esta habitación que ya es estreno,
primicia de una noche con ventanas
donde salir al mundo, en la que ahora
nos sentimos capaces
de andar también descalzos
como los niños pobres de Murillo.

Porque nunca acabamos de hacer fiesta
con lo que hemos perdido,
el recuerdo que sabe dónde pisa
vuelve a vestirte niña o a inventarte
saltando de uno en uno
(por encima o debajo) tantos juegos que amabas,
gozabas con el oro del sol último,
a la vez que mirabas, ebria de admiración,
cómo iban subiendo, altísimos de gozo,
pájaros a la luz de aquellos cielos.

El uno para el otro hemos nacido
para hacer de este bien otra manera
de mirarnos a escape, sin movernos,
yendo los dos a una hacia la dicha
de estar aquí y allí,
como si hubiera un paso estando juntos,
a andar cuando atardece
la alegría mayor en aquel parque,
donde a esta hora se columpia el júbilo
niño que completaba tu ajuar de mariposas.

Nunca los dos hemos tenido tanto
que parezca tan nuestro como nos sobra ahora,
ahora que ya estamos aquí donde el vivir
nunca tuvo otro nombre más hermoso,
nunca tuvo más páginas
escritas y cantadas a la luz.

Ahora que parece que hemos querido todo,
amando indivisibles lo que une,
no me dejes a oscuras en este reto único
de buscar lo que soy en cuanto miras;
sigue como tú sabes pidiéndome la piel,
cuando acudes, brillando como un púlsar,
a verme perseguir, si se cruzan conmigo,
las palabras que vienen
de una emoción a ser la madre del poema.

Todo sea ya en nombre de esa luz
 que nos deja asomarnos al lenguaje,
al pie de ese temblor, ya tránsito y destino
sin vejez que no muere, que viene con nosotros
a decir y quedarse, a guardarse en la historia
que hemos sabido hacer y ahora es así.

Y así sea después,
después de todo esto que hemos sido,
que hemos podido ser siendo tú y yo,
cuando ponga la muerte en pie nuestro epitafio
en esta habitación, encienda

con sus manos glaciales una lumbre de rosas
para que arda a más vida sin quemarse,
y al fin se perpetúe
el tiempo de la luz en nuestros ojos.

... mirar con buenos ojos lo que venga.
JUAN ANTONIO GONZÁLEZ IGLESIAS

II
Tomar de lo que viene

Andar por nuestra historia

No te extrañe esta historia:
otros que en nuestra sombra se han amado
y que quizás murieron por nosotros,
saben que esto es verdad.
Eladio Cabañero

Cualquier historia parte de un intento
de querer contar algo que sorprenda,
de atrapar la atención de quien la oye
y decide quedársela por suya,
rebusca en ella un cierto parecido,
un parentesco afín
con algún personaje
              de la trama.

La nuestra, que no es cualquier historia,
no persigue otro fin que ser contada,
dicha por el amor
            y que se sepa.

Por sí misma persigue prolongar
el esplendor que tuvo en otro tiempo
la gran dicha de aquellos que se amaron,
que se amaron ayer como nosotros,
que erguimos nuestro amor donde la altura
no conoce el origen
             de sus límites.

Así somos capaces de irnos viendo
andar por nuestra historia

en plena granazón, esta que somos,
la que sólo nosotros hemos sido
capaces de escribir
sin ningún cuento.
                En estos pocos años
que han pasado en un soplo como una
brisa fugaz que ayuda a respirar,
hemos ido trazando, sin comernos
un punto o una coma,
sin rodeos tampoco, la más clara
caligrafía que el amor
                    promueve.

Nuestra historia no es cualquier historia.

Dejémosla que diga que todo esto
que nos pasa es verdad y que se sepa,
que la cuente el amor
                y que se sepa.

PESADILLAS

Vienen a visitarme cuando casi
acabo de coger el primer sueño,
dispuestas a dar buena cuenta de mí de un golpe
seco que me despierta muchas veces
maldiciendo y echando a quienes entran
sin permiso en mi casa,
dando gritos al cielo, patadas, manotazos,
y algo más que le es propio, tan de suyo,
a un fantasma o a un loco.

Portadoras de malas intenciones,
las pesadillas trazan su teatro
de operaciones en la cama
en que duermo —si duermo— a pierna suelta,
o a veces hecho un cuatro o un ovillo.
Y algunas noches llegan a hurtadillas
a ejercitar sus mañas en mis carnes,
sin hacer ruido apenas,
                  sin oírse.

A esta edad que hoy respiro, cada noche,
preparo mi defensa por si acaso
les diera por venir, sabiendo que
no podré combatirlas cuerpo a cuerpo,
que perderé el combate,
que no podré librarme de sus armas,
de sus perturbadoras
                  ocurrencias.

Nada tienen que ver con lo que puede
sonar a predecible, de manera
que no ayuda el hacerse el distraído,
mirar para otro lado, verse lejos
de la extorsión ruinosa de sus sombras,
siempre que se ejercitan tan callando,
contra quien duerme en paz
sin hacer mal a nadie.
                        Esta es
la parte que me toca del daño algunas noches,
que aunque no es la mejor la voy llevando
con más pena que gloria,
sabiendo que no habrá
                      quien me la quite.

IMPROMPTU

Te ocurre con frecuencia que no sabes
dónde poner los pies y la cabeza,
cuando ya no te da
por clavar mariposas en un corcho
como hacías de niño
listo con las que iban pereciendo,
expirando en tus manos.

Tampoco sabes cómo
escaparte de toda tentación,
de ir a buscar un verso antes que ponga
el GPS camino de otro sitio
donde no estarás tú.

Es en este avenirse
donde encuentras tu posicionamiento
real en esta vida, vas en ti,
sabiendo por demás que cada paso
que das cuando te mueves más te aleja
del tiempo en que empezaste
a ir sumando o restando cada día
las pérdidas o el éxito de estar
encerrado en ti mismo.

Vas en ti con la urgencia de esperar
todo eso que hasta ahora no conoces,
pero empieza en su avance
a fluir en tus ojos,
a entrarte en la cabeza

como anticipo de algo que te falta,
que no has tenido nunca y es el óvulo
preñado de la luz de lo que viene.

Ese es el comecome ineludible,
tenaz de quien espera con qué aplomo,
espera ¿pero qué,
espera pero a quién? Súbitamente,
te haces esa pregunta tú que sabes,
que estás como en tus trece, harto ya
de saberlo del todo y bien sabido:
lo que haya de venir mejor que venga,
que venga lo que tenga
                    que venir.

En los ojos del tiempo

Desde siempre a su aire me acompañan,
me observan unos ojos que parecen
conocerme, y les dejo
que me hablen de mí cuando ellos quieran
darme conversación
                        de lo mirado.

Les dejo ser así, cristal purísimo,
mientras miro por ellos o ellos miran
por mí, mientras intuyo
que quieren lo mejor, tenerlo todo:
lo que yo ya he mirado y lo que queda
pendiente de mirar
                        y no se sabe.

No parece que quieran prescindir
de mí para que pueda
mirarme en este mundo y parecerme
a mí, si es que soy digno
de verme en esta prórroga
                        que soy.

Lo he pensado y no quiero
que vayan a cesar, que den de mano
en su hermoso quehacer, porque podrían
dejarme pasar hambre,
sin nada que comer,
sin un verso que no he visto llegar,
pero ha venido.

No pienso en otra cosa que no sea
estar en ellos siempre:
perpetuos ojos
de este tiempo que soy

                siendo quien soy.

A ellos les debo el don de conocerme,
de mirarme y saber que estoy conmigo,
viéndome luego donde vaya
el destino a forjar sus últimos antojos,
donde la vida acabe

             por quedarse.

Son los ojos del tiempo que me guarda.

Lo fugaz

Ocurre y es y pasa y pide puerta
antes de hablar del hecho de quedarse,
dar duración al acto de existir
que muere tan deprisa
como un visto y no visto.
                              Bebe
del efímero sorbo
de fuego de un relámpago,
apenas el fulgor de un luminoso
reflejo acostumbrado a lo inestable,
que acabado de ser desaparece
como si alguien, sin verlo,
no le dejase un sitio
                    ante sus ojos.

Oh brevedad infinita de un instante
menor quizás que el tiempo de un suspiro,
que ocurre y es y pasa
y deja oírse
en el aire la voz
                de lo fugaz.

Ciertas cosas

Me conmueve el saber de ciertas cosas,
de su íntimo poder,
sobremanera el de esas
que son testigos de lo que hemos sido,
de lo que somos y que alguna vez
—más tarde o más temprano—
serán refrendo de
               lo que seremos.

Acaban por llevarnos
allí donde ellas quieren
disponer sus metáforas, fijarlas
en tránsito hacia todo para darlo
todo, como cualquiera de nosotros
que ha decidido darse en actitud
de entrega sin quedarse nada a cuenta
de lo que va debiéndole
               a la vida.

Somos muy de las cosas,
de tantas como hacemos y dejamos
de hacer sin que nos cueste
entender que no es poco
estar en la certeza de saber,
porque ellas nos lo explican,
con cuánta claridad,
en qué parte del mundo
               nos movemos.

Cuando el frío

Entonces se decía que mi madre
tenía un alto don,
gracia en sus manos.

En aquellos inviernos de mi infancia
con olor a sagato, cuando el frío
hacía casa y hato por mi cuerpo,
ocurría a menudo
que pasaba de un resfriado a otro
como pasa de mano en mano el pan,
puesta la mesa.
               Cuando
la tos no permitía que cerrara
la boca ni los ojos tras el rezo,
y la noche tenía que mudarse
de cama por si en otra
pudiera entrarle el sueño, las manos de mi madre
se afanaban abiertas como lunas,
a tatuar en mi pecho y en mi espalda
unas casillas diagonales,
mojando un hisopillo de algodón
en tintura de yodo.
               Hoy sé bien,
cuando el frío hace casa por mi cuerpo
y la tos me desvela y me hace suyo,
gregario receptor de su cadencia,
que no era la tintura de yodo únicamente
quien obraba la hazaña del prodigio,
sino el dulce poder de aquellas manos

abiertas como lunas de mi madre,
que con su gracia
                    todo lo curaban.

LA RODA

A Roque Navarro

El sitio del amor no se negocia,
no admite variaciones ni permutas:
es una condición del sentimiento,
vereda de un destino que no puede
cambiar de dirección
                    ni confundirse.

Tres cuartos de mi vida llevo lejos
de ti, La Roda, pueblo mío,
y sin embargo tengo ya aprendida
la sensación de haber seguido aquí,
sin despegarme de vivir por siempre
en estos aires donde fui engendrado
y fui joven después.

Entre tú y yo no cabe ninguna despedida
y aunque he tenido que pensarte en otra
dimensión, este tiempo,
apartado por fuerza de los años
sin ti, jamás me supe
desparejado yo
                    de tu presencia.

A pesar de los tiempos que me han ido
acercando sin tregua a la vejez,
no han dejado de hacerme compañía
aquellos devaneos fulgurosos
de los gurriatos pájaros batiendo

alas por donde yo te contemplaba
hermosa sin tener que encabritarme,
que subirme a la Torre.

Ahora también me veo en aquel patio
jalbegado de ensueños de mi casa,
donde dieron comienzo mis primeras
labores aprendices
de aspirante a poeta, con los dedos
inquietos, agilísimos,
de la mano derecha, con enorme
frescura y entusiasmo, escandiendo las sílabas
de los primeros versos que llegaron,
que quisieron llegar
                    para cuidarme.

No he perdido ni un diezmo de lo tuyo,
de todo lo que tengo ya ganado,
tanto como me has dado sin que yo
te lo pidiera todo.
                    Me resulta
imposible mostrar de otra manera
esta forma de ser contigo en la distancia,
habitar otra luz desposeyéndome
de la tuya que nada la oscurece,
ni puede interrumpirla
esta casa de ahora donde hacemos
por la vida los dos
                    la noche juntos.

El sitio del amor no se negocia,
ni puede confundirse, pueblo mío:
es una condición
                    del sentimiento.

El río

Cruza por mí su cauce, pasa el río
corriente abajo donde iba
mi padre aquellos días de labor
de primeros de octubre,
cuando ya la vendimia sólo era
un hermoso vocablo en los majuelos,
a lavar los capachos, las espuertas,
pleitas que conservaban la dulzura
de las uvas bordada,
cosida a la paciencia del esparto.

A las aguas del Júcar hoy les debo
este honor de mirarme y verme allí,
verme niño arrojando a navegar
barquitos de papel, para ver si emergían,
como héroes de cómic,
los primeros piratas
                        de la infancia.

Oigo y veo aquella agua —casi trota—
consintiendo en sus diáfanos cristales,
el vuelo duplicado de los pájaros,
los efímeros saltos de los peces
que vi beber en ella y amé como a la luz
alumbrando las tardes que hoy mis ojos,
sin dañarla,
                        retienen todavía.

Hoy puedo ver de cerca cómo entre meandros
y trenzados alfanjes, nuestro río
iba con cuánta pena despidiendo
pinares donde Góngora,
desde un mirador viera *cantar unas serranas*,
las sombras vegetales de los chopos,
las gozosas espadas de los juncos
queriendo herir el aire en el que fluye,
inundando mi alma y mis ojos de dicha,
el aroma llorado
                    de los sauces.

Hoy que puede diluirse, lavarse la mirada
vuelta ya lejanía hacia el recuerdo
donde sólo pervive
y nos observa en otra edad el otoño,
veo a mi padre en lo suyo,
creyendo hasta acabarse en lo que hacía.

Iba el agua también, suelta en su marcha,
moviéndose a lo propio, que era no
detenerse un instante aunque quisiera,
adormecida alguna noche,
reposar bajo el techo guardián de cualquier puente,
recostada en su catre
                    de frescura.

Observo la porción de aquellos días
tan azules de octubre, posteriores

a la vendimia, cómo
cruza por mí su cauce, pasa el río
y me deja trenzar estas palabras suyas,
tan húmedas de amor
que bien podrían agotar ahora,
sin límites la sed
                    de este poema.

Puede ser que mi padre, cinco lustros
traspuesto en la quietud y la medida
de su lecho mortal, coronado de rosas
que ya serán polvillo, esté poniendo
oído cada otoño, igual que yo,
siga oyendo la voz acompasada,
el entonado son de aquellas aguas,
de las aguas pretéritas
                    del Júcar.

EN LA FERIA

A María Rozalén

No tendría yo más de seis o siete
veranos de mi vida, cuando
qué ufano con mi madre, me recuerdo
en un instante único en la Feria
de Albacete aquel día
en que septiembre iba echando flores
y confetis al aire,
vivido con inmensa y crecida emoción,
que aún orbita la flor
                    de mi memoria.

Me recuerdo, me veo con aquellos
ojillos en agraz, simples ojillos,
libando avaramente
lo dulce de un martillo y un garrote
de color espiral que le compró
mi madre a un turronero
a un paso de La Cuerda.

Siendo yo tan pequeño,
podía percibir cómo mi madre,
con voz que le nacía ya ternura,
insistía en su afán y me lanzaba
el alud amoroso de una simple
pregunta que no estaba por perderse
ni tampoco rendirse:
¿Qué quieres que te compre?

Yo ambicioso de mí, no respondía,
porque aspiraba
(bien lo supe después)
a un feriado que ella
no podía comprarme con lo poco
que da de sí un bolsillo pobre.

Mas no le abandonaban sus maneras,
el arte de insistir:
¿Qué quieres que te compre?
                        No acababa
su devota canción de acompañarme,
aquel interrogante que aún me pesa
no por así decirlo, sino porque
no consigo olvidar después de casi
siete décadas ya pasadas
                      del suceso.

Cuando iba oscureciendo y ya la tarde
jugaba al escondite con la noche,
volvimos a La Roda en un Changáis
de aquellos que brindaban
humo al aire,
según por donde diera.

Volvimos a La Roda en plenitud,
sabedores de aquella intimidad
—que no fue cosa poca—
que nos fue concedida a madre e hijo

de haber estado juntos en la Feria,
y que hoy, a estas alturas, no desiste,
no evita la emoción
                  de recordarla.

Cuando vuelvo a la Feria sin perder
de vista el día aquel, viene también mi madre,
la traigo de su cielo y me la llevo
a un quiosco turronero donde compro
mi feriado: el clásico martillo y el garrote
de caramelo para que ella sepa
que ni la muerte puede
cambiar lo que hemos sido
                  de lugar.

La claridad entera
[Ante un cuadro del pintor Antonio Carrilero]

A Paco Pérez y Manoli Sevilla

Aquí la luz no puede ni podría
llegar a ser más luz,
más color o perfume que nos luce,
rompiendo por los ojos
a todos por igual
                              en este cuadro.

No puede decir más porque se ha dicho todo
del arte hablado así en este paisaje
preñado de amapolas y de encinas,
del amarillo enhiesto de unas cuantas
espigas que no son para la siega,
que ve la perfección como quien mira
la destreza y el vuelo del ritmo creador
de unas manos obrando lo concreto,
el trabajo atrevido
                              de la luz.

Vivimos de esa luz, de su gran énfasis,
vamos en ella siendo lo que queda
atado a la mirada en su fulgor,
luciendo por amor a lo creado,
y es parte indivisible
de cada una de estas pinceladas
que sostienen el aire, cristalizan
la gracia del saber
con que Antonio se alió para decir

la claridad entera
                    hasta acabarse.

Dijérase que Theros, la diosa del estío,
ha convocado al sol en estas lomas
que pretenden, erguidas, casi rozar el cielo,
aquí la perfección de lo que puede
mirarse y apurarse va con todo,
a juego con el vuelo y la alegría
del color atrevido que más dice
para hablar a las claras
de lo bello que arde con la lumbre
muy viva de este cuadro,
donde el pintor ha puesto, sabiendo lo que hace,
a hervir su vida.
                    En eso se nos colman
los ojos de gran dicha,
mirando lo que abraza por exceso,
lo que vive y se queda entre nosotros,
lo que ha de perdurar,
lo que ha quedado dicho y rubricado:
la vida tan hermosa de este paisaje íntimo,
manchego por los cuatro cardinales,
la maestría
                    de Antonio aquí enmarcada.

Vivimos por vivir

Vivimos por vivir cara al ocaso,
al óxido esparcido del otoño
que sin muchas quimeras va acechándonos
con ojos que nos queman como ascuas,
a unos pasos, muy pocos,
                    de la noche.

No deja de mirarnos ni permite
escaqueos ni huidas evitables,
ni llantos simulados
de quien vive sin lágrimas,
acaso porque nunca
supo, por no llorar,
                    que las tuviera.

Cada anochecer monta
su modus operandi a favor
de las sombras, sus íntimas aliadas,
por si tuviese la siniestra idea,
la ocurrencia de dar
la luz por muerta antes de que llegue
la luz a perpetuarse.

Vivimos por vivir
cara al ocaso, dándole
por costumbre la espalda al testimonio
fulgurante de todo amanecer,
y no queda otra cosa que no sea
dejarse ya de prisas

y quedarse plantado cada uno
—y todos en el sitio que nos toque—
a ver llover la vida, sobre todo
lo mojado que nunca
                    va a secarse.

FRUTOS FUTUROS

Como si se tratase de una
intuida aspiración anticipada,
artífices de toda pesantez,
perseguimos la forma de entonar
un preludio feliz, un canto al tiempo
que habrá de recoger
                              frutos futuros.

Como algo natural, vamos gustando,
gustándonos nosotros de nosotros,
mientras que, estremecida,
una presencia pasa,
pasa sin haber sido aún de nadie,
atravesando el límite, el estilo
de nuestra presunción
                              de poseerla.

Eso es querer ganarle
al tiempo por la mano lo jugado,
como anticipo de una aspiración
que favorece el ánimo de estar
esperando con fe por si llegaran
a madurar los frutos
                              del futuro.

VISIÓN DE LO QUE ACABA

A mi hermana Juliana,
que murió de alzhéimer

Por no tener qué hacer, o por tenerlo,
la vida en su ocurrir nos tacha y se nos mella,
empieza a abandonarnos cuando ya
no habitamos incluso con nosotros,
no somos ni una sombra
cómplice que refleje al ser que tuvo
por suyo, siendo parte de ella misma.

Tú quizás no llegaras a saberlo,
hermana, tú que ibas dando tumbos
en medio de la luz,
tropezando con todo
                                    hasta caerte.

No sabrías tampoco
que perder la memoria es alejarse
cada día un poco más de lo que vive,
que es ir saliendo por la puerta falsa
de todos los recuerdos, la manera
más triste de ponerle
cerrojos a los nombres de las cosas
que acaban por marcharse
                                    y ya no vuelven.

Por eso no podías acordarte,
no podías recordar lo que ya estaba
fuera de tu cabeza anocheciendo,

en qué momento pudo
empezar tu alegría a derramarse toda
hasta llenar un cuenco de tristeza.

No sabías, hermana, quiénes éramos,
y tú, más de lo mismo, acabaste también
por no saber quién eras,
como una niña oscura que ha perdido
una a una las letras de su nombre,
o se ha dejado el sol
en un sitio al que nunca va a volver.

Calmas fueron tus horas terminales,
ayunas porque no hubo una mano
que pudiera, por más que lo quisiese,
por si tenías sed de más de un día
darte, al menos, un sorbo de agua fresca.

Ahora que ya sabes bien quién eres,
te conoces de nuevo, tú que hiciste
buenas migas con Dios,
concédenos la gracia de pensarte
viviendo de las rentas de tu gloria,
verte allí donde el daño no hace bulla,
donde no se cobijan las tristezas,
ni se espera la noche.

¿Cómo escribir, herirle al papel su tez clara,
sus níveos territorios, sus desvanes, sus leyes?
¿De qué revelaciones viviré su oleaje,
su rosa bienhechora que a los dedos hostiga,
la apariencia increada, su total argumento?

ÁNGEL GARCÍA LÓPEZ

III
Si esto fuese palabra

La vida por decir

A Antonio Morales

Imaginas el tiempo sucedido,
los años que le adeudas ya a la vida,
respirando la gracia sin par de hacer poemas
que dijesen lo limpio de esa otra
parte que no conoces
                              aún de ti.

Te emocionas a veces, te preguntas
si vas a ser capaz de ir avivando,
de seguir el andar de las palabras
que puedan acercarte a lo que queda
sin tu rúbrica aún,
lo mucho que has dejado sin tener
en cuenta que has vivido.

Piensas esas palabras
que amas por exceso y no han llegado
a respirar contigo,
que vendrán de estar solas, acaso de otro mundo
anterior a la edad de los silencios,
al origen del frío y de la luz.

Razonas eso mientras calculas la distancia
que hay entre las palabras y los versos
que están haciendo todo por nacer,
que fueron engendrados
mucho antes, incluso, que lo fueran
los primeros amagos de Enheduanna.

Y ahora que ya sabes, vas sabiendo
cómo encontrarle el pulso a una metáfora,
a la flor de una imagen que parezca
que no perderán nunca el sol de vista,
ese aroma inicial con que han nacido,
te dejas ir con ellas cuando todo
parece que está a oscuras.

Llegas de facto a oír esas palabras
que ya están al caer de golpe todas,
en un instante único
que indulta lo que queda por decirse,
lo que sabes que tienes que decir,
lo que no has dicho nunca y, por lo tanto,
todavía no es tuyo
                                aunque lo tengas.

Por eso aguarda atento, desvelado,
el paso sucesor de las palabras
que no tropiezan nunca,
que van a concederte el beneficio,
la gracia una vez más de hacer alguno
de todos los poemas que aún no has hecho,
si les dejas oírse porque tienen
aún mucho de tu vida por decir.

Voz poética

A Paquita Ruipérez

No es cualquier voz la voz que se permite,
como el hablante lírico que es,
ser la voz del poema, la que narra
lo que escapa a otro mundo
tantas veces a oscuras, si quien habla tan sólo
es capaz de decir lo que han mirado
sus ojos sin ponerle siquiera ni un adarme,
una pizca de luz, de sal a un texto dulce.

Así la voz poética
puede ser quien transmita, sin quedarse
a oír esos aullidos de los lobos
sin madre, la lexía
caudal de una emoción,
quien la empuja hasta darle su sitio en el decir,
y ser allí la muestra, lo que canta
el ahora de aquí de quienes nunca
quieren ir por detrás de lo cantado.

Camina así la voz
poética sin darse más prisa que la justa
para llegar a tiempo de quitar o poner
más leña al fuego, si algo que ya ha ardido
del lenguaje pretende
hacer algo más alto que una hoguera,
no quedarse tan sólo
                    en la ceniza.

SI ESTO FUESE PALABRA

A Cristina Cocca, in memoriam

Poco tienes que hacer con tus quehaceres,
si no es confiar en ti, si esto que palpa
tu mano alienta un algo que se oye,
si esto fuese palabra, afirmación
de todas las palabras que ya has sido,
si esto fuese decirlo y que te entiendas,
que te entiendan incluso los que sólo
han oído hablar de ti.

Poco tienes que hacer, aunque supongas
que estás haciendo mucho, si no es dejarte toda
la vida en lo que acoges, si esto fuese
palabra que no puede pasar página,
desperdiciarse como
un día sin oficio, un día de esos
que es mejor, si se piensa
dos veces, no moverse por nada ni por nadie,
quedarse quieto y no tramar un paso
sin tener donde ir.

Poco tienes que hacer, si no es ponerte
el mono de trabajo
cada mañana —manos a la obra—
que te das el gustazo de mirarte,
verte ahí disponiendo
cada verso en su sitio, las herramientas para
no dejar la palabra
                    en mal lugar.

Poco tienes que hacer si no es dejarte
empeñar lo que tienes como quien
se lo ha jugado todo en una apuesta,
como tú has apostado
tu vida por un verso que acabas de anotar,
que palpa ahora tu mano, que lees y se te oye,
si esto fuese palabra.

Cura de humildad

No me vendría mal, en esta hora
inaugural del alba en la que siempre
empiezo a querer ser,
someterme a una cura de humildad,
antes de que me crea que soy dueño
de la luz y prenderla hasta ser lumbre,
dejarla que se quede en lo que escribo.

Cada día es lo mismo, voy temprano
a mis cosas después de disfrutar
a Neruda, Vallejo, Gil de Biedma,
y voy a la canción como Miguel
o voy directamente al despropósito
de no encontrar los versos que precisa
este o aquel poema a quien proveo
un espacio de honor por si llegara.

Si esto sucede, a veces, nada tiene
que ver con que yo intente, alguna vez con éxito,
hacerles el amor, igual que Ángel
González, toquetear
las palabras con hambre
si se dejan algunas seducir.

Por eso, que no es poco, en esta hora
inaugural del alba en que empiezo
a querer ser —con qué emoción
y qué estremecimiento— el dueño de la luz,
para prenderla como

si fuese toda lumbre que pudiera
calentar lo que escribo,
antes de que me vea andando a oscuras,
no me vendría mal huir de enaltecerme,
someterme a una cura
                    de humildad.

Alguien tira de mí

Después del primer sueño, pero aún
huéspeda de la noche mi conciencia,
alguien tira de mí que yo no sé
quién es, porqué utiliza
mi descanso y mi oído porque nazcan, inquietos,
unos ávidos versos que no pueden
esperar a la luz para escribirse,
y me saca a empujones de la cama.

Dueño de cuanto tengo que decirme,
voy desde las palabras a la vida,
y casi amodorrado las escribo
en el primer papel
                    que tengo a mano.

Y de regreso al lecho voy sabiendo
que este huésped no espera y volverá
de nuevo a levantarme,
a llevarme otra vez
donde él quiera.
                    Y así
me ocurre con frecuencia algunas noches,
que soy un cuerpo en vela,
en vilo, de ida y vuelta, encaminándose
de la cama a la mesa por tomar
los versos que entre sueños han querido
venir y ser aquí lo que están siendo.

Nada tengo en su contra sino todo
lo contrario. Le debo
a este ser misterioso agradecer
que pueda oírme,
entenderme conmigo si un poema
toma la dirección que lleva a mí,
y yo no tengo nada mejor que hacerle un sitio
si pretende quedarse
a acompañarme el resto de su vida.

Alguien tira de mí que yo no sé
quién es, pero ha querido
regalarme el placer
de haber escrito al trote, casi a tientas,
un poema que no pudo esperarse,
esperarse a la luz
                    para escribirse.

Por vez primera

Con qué fulgor ya vienen las palabras
que se aúnan, se aman entre sí
antes de oírse, si han unido
su precisión más diáfana, que puede
construir la belleza, darle aroma,
un aire que no admite
repetición, si llegan infinitas,
a decirse en su luz
                    por vez primera.

Por el contrario ocurre que decir
lo que está dicho incluso de la misma
manera que nació, no va a ninguna parte,
contamina el lenguaje, lo corrompe
porque ya no se ve ni podrá verse
con el brillo que tuvo, porque
ha perdido el color y la sustancia
de tanto manoseo,
de tanto y tanto
                    y tanto repetirse.

Las palabras carecen de entusiasmo,
de corazón y tratan
de confundir a quienes las falsean.
Si no se les permite
que nombren de una vez lo que pretenden
nombrar, serán fugaces;
si se silencian volarán entonces
a habitar el fulgor
                    de otros poetas.

Eligen las palabras su camino,
su ritmo, su armonía, su emoción,
si vienen ya infinitas con el tiempo
que pide el verbo ser,
y se dejan decir
                    por vez primera.

PLANTAS

Por dar continuidad a lo que fueron,
aun teniendo mis manos
tanto que hacer se ocupan de las plantas
que en mi terraza viven para darme
su vida y mucho más
                      de lo que yo les doy.

Las voy acostumbrando a que me pidan
el jugo de una lágrima, que nunca
viene sola si tengo que cortar
por el tallo dañado
                      una hoja muerta.

Cuando al tiempo le da por no llover
pongo yo el agua,
las riego cada poco y nadie sabe
cuánto me lo agradecen regalándome
un verde que quizás
nunca había mirado tan hermoso,
y así me dan la clave de un lenguaje encendido,
que ha salido a la luz,
que a mí, sin que lo oiga y para siempre,
me está diciendo tanto.

Por eso si les hablo ellas me escuchan
—me creo que es así—,
y en su autótrofo idioma me responden
con precisión y entrega, mas no obstante,
me ronda el curioseo

noble de preguntarme:
¿qué me querrán decir que aún no sepa
sabiendo lo que sé?:
que me ceden su vida sin pedir
un esqueje agarrado de la mía,
su vida y mucho más
                    de lo que yo les doy.

INNECESARIO

Parece innecesario discutirles
su sitio a las palabras,
no darles el lugar que ellas nos piden
para que en su vivir
nos den vida a nosotros.

Carece de sentido ir a exigirles,
pedirles mucho más de lo que pueden
decirnos todas juntas,
sabiendo que les va la vida en ello,
que podrían morir si las dejamos
decirnos por decir,
                    sin decir nada.

Innecesario entonces es cerrarles
el paso a las palabras,
no creer que por ellas nos oímos,
nos decimos por ellas
                    para ser.

El venir del poema

Los poemas suceden, nos ocurren,
los versos acontecen cuando quieren,
sólo siguen la ley de su capricho.
Carlos Marzal

Cuando quiere el poema viene solo,
no hace falta llamarlo cuando viaja
quién puede imaginar por qué andurriales,
llamando en otras puertas de cualquier
poeta que lo supo
esperar, no como tú,
que sin tirar de calma y alguna vez de oficio,
en tantas ocasiones, que ya ni las recuerdas,
te pusiste a esperarlo
                              y no llegó.

No es la mejor amiga la ambición
cuando se trata a ciegas
de entenderse entre líneas con los versos,
si éstos te dan la espalda, si no quieren
pasar cerca de ti.

Cuánto hiciste por ellos, sin embargo,
por tenerlos a mano, sin saber
que los versos escritos en su pleno
derecho de vivir
se venden caros, a un precio que no
pocas veces está
al alcance de muy pocos poetas
que los pueden comprar.

Mejor no caer más fuera de sitio,
si el venir del poema se hace causa
que altera tu emoción, si estás a punto
de poder escribirlo, o eso te crees:
no te olvides, poeta, que rastreas
lo habido y por haber para encontrarlo,
que el poema gravita
más próximo a lo nunca
                    que a lo siempre.

Sólo podrá ser tuyo
                cuando él quiera.

DISYUNTIVA

¡Ay qué desgracia es ver
para solo haber visto!
JOSÉ LUIS REY

Ocurre algunas veces que no damos
su importancia al decir de la belleza,
no oírla hermoseando en su aposento
difícil de acceder para unos ojos
que deciden mirar
para otro lado.
         El arte
necesita el saber de una mirada
que arda en la dirección de cualquier logro
que apenas pronunciado ya es milagro
que invoca la hermosura
de un instante capaz
           de conmover.

Ignoramos el don de la hermosura
por no saber mirarla ni escribirla
hasta que no penetra en nuestros ojos, hasta
que no empeña una vida, no derrocha
la suya hasta que pierde el último fulgor,
la lumbre que calienta el infinito
decir de las pasiones.

Algunas veces pasa, aunque parezca
mentira: sólo vemos
lo hermoso que coincide con el pago
sobrante de la luz,

si no llega cansada a nuestros ojos,
de tal modo que pueda conferirnos
el motivo de la contemplación.

En esta disyuntiva, cómo no
consentirle su gracia a la hermosura,
la abundancia que da sin pedir nada
que no sea unos ojos atrevidos,
que la sepan mirar
como a *Las hilanderas* de Velázquez,
Las tres gracias de Rubens,
La tormenta en Castilla de Benjamín Palencia,
o *El estanque en Montgeron* de Monet.

¿No vemos al pensar en estos cuadros
de un golpe la belleza y para siempre,
sin tenerla delante de los ojos,
que no podrán ya nunca desasirse
de tales maravillas?

Yo espero que los míos no decidan
mentirse por sí solos,
buscar el arte donde no lo hay,
irse sin mí a perderse
por esos aledaños oscuros de las sombras,
desestimar la luz
                    de la belleza.

Lo que quiere decirse

Arduo error se comete al retener
lo que quiere decirse y no se dice,
no concederle el aire de ser dicho
enhebrado a una voz que se ha dispuesto
para decirlo todo.

Grave es desatender esa llamada
de lo que a punto está
de nacer y ponerle a cada cosa
que comienza su nombre,
dejar que viva así como si fuese
la imagen del origen,
la aparición del agua
                            y de la luz.

Lo que quiere decirse ha de ser dicho,
explicado si estamos sosteniendo
el brillo del lenguaje en su gozosa
consagración, si somos
capaces de dejar que entre en calor
una voz preparada
                            para decirlo todo.

Identidad

Trabajar las palabras ya es vivir
propiamente de ellas, porque siempre
dan de comer a quien las necesita
para decir quién es.

Cada sílaba fiel de golpe pone
a caminar el ritmo, la armonía
con que cada palabra se hace música,
si viene cada una a prolongar
la voz que quiere oírse.

Yo que aspiro también a que alguien me oiga,
me alineo con ellas, aunque a veces
me engañen en el fondo por no darme
con su verdad en la boca
si no sé bien de qué hablo.

No sé si aún me quedan unas ascuas,
un rescoldo que dar a lo que pide
el frío del lenguaje antes de ser,
o aquí viene a apagarse mi encendida
dedicación y sólo queda
la ceniza sin voz
                        de las palabras.

Trabajo por amor con las palabras
para decir quién soy.

Abrazos

Sin ellos somos menos,
menos quizás, acaso muchos menos
de entre todos los seres que numera
el censo de este mundo.
                    Los abrazos
—cuánto nos dan y qué poco nos cuestan,
cuánto nos dicen sin quedarse mudos—
son un santo remedio, un beneficio
contra la adversidad y la epidemia
de tantos que no tienen dónde ir
a gastarse un puñado
                    de ternura.

Cada uno es muy dueño de sí mismo,
sabe cómo romper y hacia qué esquina
de la vida ofrecerse para darles
cobijo, en su apretón,
y un algo de su vida a los que viven
sin tener el consuelo
                    de un abrazo.

Sin ellos somos menos, muchos menos
entre las multitudes que precisan
comer para vivir, algo que acerque
a la felicidad como un poema,
que sabe que se ha dado
lo mismo que un abrazo
                    hacia las cosas.

Quién pudiera acordarse,
hacer memoria
de tantos dones que nos dan por nada,
de un todo por amor que es para siempre,
de todos los abrazos
que ya fuimos y nos sobrevivieron,
de todos los abrazos
                    que hemos sido.

A FIN DE CUENTAS

Llega a un punto la vida en que nos deja
casi sin nada, ir pendiente abajo,
deprisa como un aire en despedida,
como si todo lo que estaba
aún por venir hubiese sucedido.

Toda desposesión ocurre así,
cuando todo comienza a quedar lejos,
nos seduce la idea de volver
la vista atrás buscando aquellas cosas
que olvidamos entonces cuando en punto
llegó la hora de irnos,
sin saber si llevábamos nosotros
dentro de las maletas el futuro.

Llega a un punto la vida en que su avance
va haciéndose más raudo, como si
persiguiese el afán de abandonarnos
en cualquier aposento, dando al frío,
sin luz y sin salida de emergencia.

Llega a un punto y final la vida cuando nada
nos restituye de lo mucho
que era nuestro y de una
u otra forma termina por menguarse
como una nimiedad, hasta dejarnos
caer con ambos pies, a fin de cuentas,
en los mudos estribos
                del silencio.

La luz.
Aún no la sombra.
Y vivo en la penumbra oscurecida.
(La luz es cálida,
cuando roza, besa.)
Es todo mi deseo; saberse ser,
aún existente.
Antes que todo sea
como antes de ser.
Francisco Brines

ÍNDICE

MAHALTA
P O E S Í A

A FIN DE CUENTAS

se terminó de componer
el 25 de marzo de 2024,
primer plenilunio de la primavera